Wojna i pokój

· · · · · · · · · · · · · · · · ·

Lew Tołstoj

ANALIZA KSIĄŻKI

Napisany przez Julie Mestrot
Przetłumaczony przez Kâmil Kowalski

Wojna i pokój

LEW TOŁSTOJ

LEW TOŁSTOJ

PISARZ ROSYJSKI

* Urodził się w 1838 roku w Lasecznie (Rosja)

* Zmarł w 1910 r. w Astapowie

* Niektóre z jego prac:

  ○ *Kozacy*(1863), powieść

  ○ *Anna Karenina*(1877), powieść

  ○ *Śmierć Iwana Iljicza*(1886), opowiadanie

Hrabia Lew Nikołajewicz Tołstoj, pod pseudonimem Lew Tołstoj, urodził się w 1838 roku w Lasecznie w Rosji, a zmarł w 1910 roku w Astapowie, również w Rosji. Za życia jego twórczość miała głęboki wpływ i cieszyła się dużym uznaniem publiczności. Jego powieści (*Wojna i pokój,* 1863-1869, *Anna Karenina,* 1877, *Zmartwychwstanie,* 1899) i liczne opowiadania charakteryzują się wagą i bogactwem analiz psychologicznych, a także wymiarem moralnym i filozoficznym, świadczą o znaczeniu duchowych poszukiwań, które Tołstoj prowadził przez całe życie.

WOJNA I POKÓJ

POMNIK LITERATURY ROSYJSKIEJ

- **Gatunek:** powieść

- **Wydanie źródłowe:** *La Guerre et la Paix*, Paris, Gallimard, kolekcja «Folio classique», 1973, 2 tomy, 1589 s.

- **Pierwsze wydanie:** 1869 r.

- **Tematy:** Napoleon, Rosja, XIX wiek, wojna, Aleksander I, arystokracja, rodzina, społeczeństwo, miłość

Wojna i pokój, napisana w latach 1865-1869, to dzieło monumentalne, którego rozmiary przekraczają tradycyjne ramy powieści. Obejmująca około dwóch tysięcy stron i zawierająca ponad pięćset postaci *Wojna i pokój* jest realistyczną kroniką historyczną wojen napoleońskich w Rosji. Bogactwo i precyzja szczegółów i analiz psychologicznych, a także teoretyczne refleksje nad historią, również przyczyniają się do tego, że to niezwykłe dzieło staje się wielkim opus literatury światowej. Od momentu wydania cieszy się ogromnym powodzeniem.

PODSUMOWANIE

KSIĘGA PIERWSZA

Część pierwsza

W 1805 roku w Petersburgu wydawane jest przyjęcie, które gromadzi najwspanialszych przedstawicieli arystokracji: księcia Andrieja Bołkońskiego, ponurego i milczącego, oraz jego ciężarną żonę Lizę, która wyróżnia się łagodnością i wdziękiem; Piotra, nieślubnego syna hrabiego Bezuchowa, który wrócił z zagranicy i nie wie, jak zachować się w świecie; księcia Bazylego Kuragina i dwoje jego dzieci, Hipolita, złego chłopca, oraz Helenę, która uchodzi za najpiękniejszą kobietę w mieście.

Po wieczorze Piotr idzie na kolację do domu księcia Andrieja, przyjaciela z dzieciństwa. Dowiadujemy się, że książę Andriej postanowił wstąpić do armii rosyjskiej, która ma walczyć w Austrii. Namawia Piotra, by zgodnie z życzeniem ojca wybrał karierę i porzucił rozwiązłe życie.

W Moskwie hrabia i hrabina Rostowie przyjmują gości w swoim domu. W lekkiej atmosferze dzieci przeżywają swoje pierwsze miłości: Natasza Rostowa jest zauroczona Borysem Drubeckim, synem przyjaciółki hrabiny, którego Rostowie wzięli pod opiekę; Mikołaj Rostow przysięga miłość swojej kuzynce Soni, która również mieszka u Rostów.

W Petersburgu umiera hrabia Bezuchow, ojciec Piotra. Między potencjalnymi spadkobiercami panuje wrogość. Tylko Piotr zdaje się nie rozumieć drobnych spraw, które kierują wszystkimi. Jednak gdy ojciec umiera, to właśnie on zostaje wymieniony w jego testamencie. Piotr jest teraz bardzo bogatym hrabią Bezuchow.

Na prowincji, w Łysych Górach, w majątku Bołkońskich, książę przygotowuje się do wstąpienia do wojska i powierza żonę ojcu i siostrze Marii. Podczas pożegnania okazuje swój zwyczajowy chłód, ale i pewną pogardę dla żony.

Część druga

W Austrii, pod Braunau, generał Kutuzow (1745-1813) dokonuje przeglądu pułku. Książę Andriej, aide-de-camp, uczestniczy w spotkaniu sztabowym z wyższymi oficerami. Z dystansu obserwuje, o co toczy się gra w górnych szczeblach władzy wojskowej.

Mikołaj Rostow wstępuje do pułku huzarów i zaprzyjaźnia się ze swoim przełożonym, kapitanem Denisowem. Naiwny, burzliwy i pełen podziwu dla cesarza Aleksandra I (1777-1825) Mikołaj jest chętny do walki, aby udowodnić swoją waleczność i poczucie honoru.

Austriacki generał Mack (1752-1828) poniósł klęskę pod Ulm (15-20 października 1805). Armia rosyjska wycofała się za Wiedeń i próbowała połączyć się z armią austriacką. Armia napoleońska ścigała ich. Na przeprawie przez Enns Mikołaj przeszedł swój chrzest bojowy.

Rosjanie wygrywają bitwę pod Krems. Książę Andriej został poproszony o udanie się na dwór austriacki, aby ogłosić tę wiadomość cesarzowi Franciszkowi I (1768-1835). Uderzyła go obojętność Austriaków i rozczarował się co do władzy.

Generał Bagration zostaje wysłany, aby zablokować armię napoleońską pod dowództwem Murata (marszałek Francji i król Neapolu, 1767-1815), tak aby armie austriacka i rosyjska mogły się połączyć. W bitwie pod Schoengraben Mikołaj zostaje lekko ranny.

Część trzecia

W Petersburgu Piotr poślubia wystawną i zmysłową Helenę, córkę księcia Bazylego. Co do tego ostatniego, to udaje się on wraz z synem Anatolem do Łysych Gór, aby zawrzeć małżeństwo Anatola z bogatą, ale brzydką księżniczką Marią Bołkońską, siostrą księcia Andrieja. Ale ponieważ Anatol zaleca się do damy Marii, ta odrzuca jego propozycję.

Mikołaj Rostow, Borys Drubecki i książę Andriej spotykają się w obozie w Olmütz. Dzięki poparciu księcia Andrieja, Borys zostaje mianowany aide-de-campem.

Wbrew radom generała Kutuzowa decyduje się on na ofensywę austro-rosyjską: jest to bitwa pod Austerlitz (2 grudnia 1805). Książę Andriej, ciężko ranny i pozostawiony na pastwę losu, przeżywał kryzys metafizyczny. Armia francuska powierzyła go opiece miejscowej ludności. Mikołaj Rostow, w trakcie debaty, uświadamia sobie słabość cara.

KSIĘGA DRUGA

Część pierwsza

W Moskwie Mikołaj, ponownie z rodziną, uczestniczy w bankiecie wydanym na cześć generała Bagrationa. Podczas uroczystości Piotr dowiaduje się o romansie żony z Dołochowem i wyzywa go na pojedynek. Lekko go rani, po czym upokorzony i rozczarowany zrywa z żoną.

W Łysych Górach wszyscy opłakują śmierć księcia Andrieja, ale ten wraca, gdy jego żona rodzi dziecko. Niestety Liza Bołkońska umiera przy porodzie, pozostawiając chłopczyka, Mikołaja. Książę Andriej, którego doświadczenie nieuchronnej śmierci na polu bitwy głęboko zmieniło, odczuwa wyrzuty sumienia z powodu swojego dawnego postępowania wobec żony i okazuje nową wrażliwość.

Około Bożego Narodzenia 1806 roku w Moskwie Mikołaj Rostow awansuje na adiutanta gubernatora i prowadzi rozwiązłe życie młodego oficera w stanie spoczynku. Jest szkolony do hazardu przez przebiegłego Dołochowa i przegrywa duże sumy. Dołochow przyjaźni się z Anatolem Kuraginem, również rozpustnikiem. Inna strona postaci ujawnia się w jego beznadziejnej miłości do Soni. Pozostaje ona jednak związana z Mikołajem Rostowem. Jednak Rostow, odmieniony przez wojnę, odwraca się od niej i wyjeżdża do wojska.

Część druga

Piotr, bogaty, ale zagubiony, nie wie, co zrobić ze swoim życiem. Mimo nagabywań księcia Bazylego, odmawia odnowienia związku z żoną. W drodze do Petersburga spotyka masona. Wierząc, że może nadać sens i kierunek swojemu życiu, Piotr wstępuje do zakonu. Wyjeżdża do swoich posiadłości w guberni kijowskiej, chcąc zrobić dobry użytek ze swoich nowych teorii i znieść pańszczyznę. Jednak brak praktycznej inteligencji sprawia, że nie udaje mu się zrealizować swoich planów.

W Łysych Górach książę Andriej, człowiek zamknięty i pesymistyczny, również dba o swoje ziemie, ale z dużym powodzeniem. Bez słowa obserwuje ciągłe prześladowanie siostry przez jej ojca. Oddana i pobożna księżniczka Maria umartwia się i podporządkowuje drażliwemu charakterowi ojca, jednocześnie bardzo troszczy się o swojego siostrzeńca, który został nieco zaniedbany przez księcia Andrieja.

Piotr, entuzjastyczny i naiwny, odwiedza wiecznie melancholijnego księcia Andrieja. Różnice w temperamencie nie przeszkadzają im w umacnianiu przyjaźni.

Z powrotem w armii, Mikołaj jest szczęśliwy, że widzi Denisowa ponownie, ale został zdegradowany po kradzieży żywności dla swojego głodującego pułku. Mikołaj chce interweniować i prosi Borysa Drubeckiego o wsparcie, ale ten odmawia pomocy. W osłupienie wprawił go pokój w Tylży (25 czerwca 1807) między Napoleonem I (cesarzem Francuzów, 1769-1821) a Aleksandrem I.

Część trzecia

W obliczu kryzysu moralnego książę Andriej, samotnik, który przeszedł na emeryturę, uwolnił swoich poddanych i kazał budować szkoły. W interesach udaje się do majątku Rostów w Otradne (obwód stalingradzki), gdzie po raz pierwszy spotyka Nataszę Rostow i jest pod jej głębokim wrażeniem. Po tym spotkaniu postanawia wrócić do służby i udaje się do Petersburga, gdzie poznaje premiera Speranskiego (1772-1839), z którym zaprzyjaźnia się i aktywnie uczestniczy w pracach rządu.

Piotr zrywa z masonami, których uważa za zbyt zajętych swoimi osobistymi interesami i pogrąża się w melancholii. Ponownie nawiązuje kontakt z żoną, ale pozostaje zdystansowany. Stała się jedną z najbardziej prominentnych osób w Petersburgu i prowadzi salon, do którego uczęszczają ważne osoby. Wiąże się z Borysem, który torturuje Piotra. Ku jego zdumieniu, ta kobieta, którą uważa za powierzchowną, jest przez wszystkich uważana za bardzo uduchowioną.

Rostowie, z powrotem w Petersburgu, świętują ślub najstarszej córki, Wiery, z Bergiem. Udają się na bal w domu wielkiego lorda, gdzie Natasza dokonuje swojego wejścia w świat. Wśród gości są Piotr, książę Andriej i cesarz. Książę Andriej tańczy z Nataszą. W kolejnych dniach widzi ją ponownie i oboje zakochują się w sobie. Przed oświadczynami książę Andriej udaje się do ojca, aby uzyskać jego zgodę, ale ojciec odmawia mu córki i żąda roku zwłoki.

Po powrocie do Petersburga książę Andriej oświadcza się Nataszy, po czym wyjeżdża za granicę.

Część czwarta

Zgodnie z życzeniem rodziców, Mikołaj Rostow poprosił o urlop od wojska i udał się do Otradnae. Sytuacja finansowa jego rodziny stale się pogarsza, w szczególności z powodu rozrzutności i dobrego charakteru hrabiego, który bardzo źle zarządzał swoimi sprawami. Mikołaj jednak nadal żyje wystawnie. Po polowaniu uczestniczy w popularnym festiwalu, na którym Natasza, choć głęboko zasmucona nieobecnością księcia Andrieja, tańczy i śpiewa. Jest świadkiem prawdziwej rosyjskiej duszy.

Mikołaj oświadcza się Soni, ku rozpaczy matki, która najchętniej widziałaby go poślubiającego bogatą partię, co jest jedynym sposobem na uratowanie rodziny przed katastrofą finansową. Atmosfera w domu Rostowów, zwykle radosna, pogarsza się. Mikołaj wyjeżdża do wojska, podczas gdy jego matka pozostaje przykuta do łóżka. Hrabia jedzie z Sonią i Nataszą do Moskwy, by dać odpocząć hrabinie.

W Moskwie Piotr prowadzi nieszczęśliwe i pozbawione celu życie; zaręczyny Nataszy z księciem Andriejem szczególnie go zasmuciły. Z kolei Borysowi Drubeckiemu udaje się dzięki swoim fortelom zaaranżować interesujące małżeństwo z bogatą kobietą.

Natasza i jej ojciec odwiedzają ojca księcia Andrieja, który wraz z córką zamieszkał w Moskwie. Spotkanie idzie źle i denerwuje Nataszę. Mimo to bierze udział w życiu towarzyskim Moskwy. Poznaje Helenę i jej brata Anatola. Po intensywnych zalotach Anatol przekonuje Nataszę, by z nim uciekła. Nie jest świadoma, że on jest już żonaty. Ucieczce Nataszy udaje się zapobiec w ostatniej chwili, ale ona już listownie zrywa zaręczyny z księciem Andriejem. Pogrąża się w nerwowej chorobie i próbuje się otruć. Piotr wzywa Anatola Kuragina do opuszczenia Moskwy. Oferuje Nataszy swoje wsparcie i przyjaźń.

KSIĘGA TRZECIA

Część pierwsza

Pod koniec 1811 roku Napoleon I wkroczył do Polski i przekroczył Niemen, rzekę graniczną z Rosją. Cesarz Aleksander I wysyła generała Bałachowa (1770-1837), aby dostarczył list do cesarza Francuzów, który okazuje się człowiekiem gniewnym, porywczym i nieświadomym.

Książę Andriej, po powrocie do Rosji, zraniony po rozstaniu z Nataszą, szuka Anatola, by się zemścić. Po przybyciu do obozu Drissa postanawia zostawić sztab dla czynnej armii.

Mikołaj Rostow doświadczył wzlotów i upadków wojskowego życia, w którym teraz czuł się doskonale. Brał udział w bitwie pod Ostrowią, pierwszej bitwie kampanii rosyjskiej (24 czerwca – 30 grudnia 1812), zakończonej zwycięstwem francuskim. Francuzi kontynuowali swoje działania w kierunku Moskwy.

W Moskwie cesarz wzywa szlachtę do mobilizacji na rzecz działań wojennych. Piotr dał pieniądze i pańszczyznę. Bardzo dobrze poznał się z rodziną Rostów. Uświadamiając sobie swoje uczucia do Natachy, postanawia więcej się z nią nie spotykać. Wciąż choruje i zaczyna rozwijać uczucia religijne. Ostatni syn Rostów, Pietia, wbrew woli rodziców wstąpił do wojska.

Część druga

Francuzi kontynuują swój marsz w kierunku Moskwy i zajmują Smoleńsk. Są teraz w odległości kilku lig od Łysych

Gór, gdzie przebywa stary książę, księżniczka Maria i syn księcia Andrieja.

W Petersburgu Kutuzow został mianowany naczelnym dowódcą armii. Cesarz go nie lubił, ale Kutuzow był popierany przez opinię publiczną.

Stary książę Bołkoński i jego córka wycofują się do Bogucharowa, w osobistym majątku księcia Andrieja, niedaleko Łysych Gór. Niestety, stary książę dostaje wylewu i umiera. Księżniczka próbuje wyjechać do Moskwy, ale zostaje skonfrontowana z buntem swoich chłopów. Mikołaj Rostow, który akurat przebywał w Bogucharowie z częścią swojego pułku, przyszedł z pomocą młodej kobiecie, którą widział po raz pierwszy. Od razu czują do siebie podziw i sympatię. Księżniczka, z pomocą Mikołaja, wyjeżdża z siostrzeńcem do stolicy.

Piotr postanowił wstąpić do wojska pod Mojuszem, a następnie pod Borodino. Podczas bitwy pod Borodino (1812) cudem uszedł z życiem. Książę Andriej był bardzo ciężko ranny; na stanowisku pierwszej pomocy leżał obok Anatola Kuragina, który również umierał. W swoistym kryzysie metafizycznym wybacza mu i odkrywa prawdę o Bożej miłości.

Bitwa pod Borodino była względnym zwycięstwem Rosjan. Ale Kutuzow jako jedyny uznał to za całkowite zwycięstwo i z trudem zdobywał szacunek swojego sztabu, w którym narastała niezgoda. Armia rosyjska poniosła ciężkie straty i nie była w stanie stoczyć kolejnej bitwy.

Część trzecia

Kutuzow decyduje się wycofać za Moskwę, porzucając tym samym stolicę na rzecz Francuzów.

W Moskwie Helena przeszła na katolicyzm, aby rozwieść się z Piotrem. Większość Moskali ucieka. Jednak Piotr, głęboko wstrząśnięty spektaklem śmierci i przemocy, jaki zobaczył w Borodino, postanowił pozostać w stolicy, pogrążony w swoistym szaleństwie. Chce dokonać zamachu na Napoleona I.

Rostowie są jeszcze w Moskwie w przeddzień wkroczenia Francuzów do miasta. Konwój rannych z Borodino zostaje przywieziony do Moskwy. Rostowie decydują się porzucić cały swój dobytek, aby móc zabrać ze sobą rannego podczas ucieczki.

Francuzi wkroczyli do całkowicie opustoszałej Moskwy 14 września 1812 roku. Przez trzy tygodnie plądrowali miasto. Ogień zapala się i zaczyna rozprzestrzeniać w stolicy. Piotr, który szuka Napoleona I by go zabić, ratuje dziecko z płomieni i pomaga kobiecie zaatakowanej przez francuskich żołnierzy. Zostaje wzięty do niewoli i prawie rozstrzelany.

Rostowie dowiadują się, że książę Andriej jest jednym z rannych w ich konwoju.

KSIĘGA CZWARTA

Część pierwsza

W Petersburgu do cesarza dotarła wiadomość o utracie Moskwy. Cesarz, nie mogąc zrozumieć motywów Kutuzowa, obwinia go o opuszczenie miasta. Helena umiera z powodu choroby.

Mikołaj jedzie do Woroneża, aby kupić konie dla armii. Tam poznaje księżniczkę Marię, którą pragnie poślubić, choć już wcześniej związał się z Sonią. Dowiaduje się jednak pocztą, że oddała mu swoje słowo. Dowiaduje się też, że książę Andriej jest z Rostowami w Jarosławiu. Maria postanawia tam pojechać.

Tymczasem Natasza z oddaniem opiekuje się księciem Andriejem, którego stan nie poprawia się. Wybaczył jej zdradę i ponownie zadeklarował miłość do niej. Kiedy księżniczka Maria przybywa, stan księcia Andrieja jeszcze bardziej się pogorszył. Natasza i Maria, które obie opiekują się chorym mężczyzną, nawiązują głęboką przyjaźń. Książę Andriej umiera.

Część druga

Stosunki między Kutuzowem, sztabem generalnym i armią nadal się pogarszają.

Napoleon I próbuje utrzymać porządek w Moskwie, ale jego armia się rozpada. Miasto wciąż stoi w płomieniach. Aleksander I odrzucił pokój zaproponowany przez cesarza Francuzów. Francuzi postanowili więc opuścić Moskwę bez odniesienia decydującego zwycięstwa.

Piotr wciąż jest w niewoli. Przeżywa prawdziwą wewnętrzną przemianę: odkrywa możliwość i naturę prawdziwego szczęścia, klucz do siły moralnej, której nigdy nie miał i której zawsze szukał.

Armia francuska opuszcza Moskwę. Żołnierze odchodzą w ogólnym zamieszaniu, obciążeni dobrami, które zrabowali. Piotr wchodzi w skład konwoju rosyjskich jeńców, którzy wyjeżdżają z Francuzami.

Kutuzow odmówił podjęcia ofensywy przeciwko Francuzom. Spotyka się z niezrozumieniem ze strony sztabu generalnego. Napoleon I wydaje rozkaz odwrotu w kierunku Smoleńska. Kutuzow nakazuje nie utrudniać ucieczki Francuzom.

Część trzecia

Wojska rosyjskie zadowalają się pościgiem za okrążoną armią francuską, nie prowokując większej bitwy. Stopniowo również armia rosyjska rozpada się na wiele małych oddziałów, które bez rozkazu atakują Francuzów. To był początek wojny partyzanckiej. Chłopi również występują przeciwko Francuzom.

Nadchodzi zima. W dramatycznych warunkach Francuzi tracą w ucieczce tysiące wyczerpanych mężczyzn. O dwie trzecie zredukowana też została armia rosyjska.

Piotr, jeszcze jako więzień, opiera się dzięki swojej sile, ale jego rosyjscy towarzysze, również więźniowie, giną jeden po drugim. Podczas tej wojny partyzanckiej Denisow, przyjaciel Mikołaja, postanawia wbrew rozkazom zaatakować konwój rosyjskich jeńców. Wspierany przez Pietię Rostowa i pułk Dołochowa uwalnia więźniów, wśród których jest Piotr. W trakcie ofensywy ginie Pietia Rostow.

Część czwarta

W Jarosławiu Maria i Natasza, które stają się sobie coraz bliższe, opłakują śmierć Andrieja. Rodzina Rostów dowiaduje się o śmierci Pietii. Oszalałą z żalu hrabinę może uspokoić jedynie Natasza, która zostaje przy niej.

Wbrew radom Kutuzowa zostaje przeprowadzona ofensywa pod Krasnoje i wygrana przez Rosjan. Całkowite zwycięstwo wydawało się teraz zapewnione. Francuzi kontynuowali ucieczkę i przekroczyli słynne przejście przez Berezynę. Z armii Napoleona pozostała tylko jedna setna.

Cesarz jest jednak bardzo niezadowolony z przyjętej przez Kutuzowa strategii. Jak większość, chciałby, aby armia rosyjska uniemożliwiła ucieczkę Francuzów i pokonała ich na rosyjskiej ziemi. Nikt chyba nie rozumie inteligencji Kutuzowa. Cesarz mimo to odznacza go. Niedługo potem, wyczerpany i wiekowy, Kutuzow umiera.

Wracając do Moskwy, Piotr jest odmieniony. Jego charakter stał się silniejszy, melancholijne wybuchy opuściły go na dobre i w każdym widzi piękno. Ponownie widzi Marię i Nataszę, które również są w Moskwie. Razem opowiadają o niewoli księcia Andrieja i Piotra. Natasza i Piotr wkrótce odkrywają, że są w sobie zakochani. Po wielokrotnych żałobach Natasza może wreszcie odrodzić się na nowo.

EPILOG

Część pierwsza

Autor sporządza bilans wydarzeń historycznych, politycznych i militarnych, które krzyżują się w powieści. Pokazuje prawdziwe przyczyny, które im przewodniczyły, odmawiając bohaterom i przypadkowi jakiejkolwiek mocy, afirmując znaczenie fatalizmu.

Piotr i Natasza pobrali się w 1813 roku. Rodzina Rostów była zrujnowana, a stary hrabia zmarł wkrótce po swoim synu Pietii. Mikołaj musiał porzucić karierę wojskową, by zostać z matką. Poświęcając się dla jej szczęścia, starał się spłacić jej długi i objął stanowisko w administracji.

Gdy Maria Bołkońska wyjechała do Moskwy, Mikołaj z dumy odmówił jej ponownego spotkania: nie chciał, by ludzie myśleli, że interesuje go bogactwo bogatej księżniczki. Pobrali się jednak w 1814 r.

W Łysych Górach Mikołaj z zapałem i inteligencją dogląda swojej ziemi i największą wagę przywiązuje do swoich chłopów. Podziwia w swojej żonie życie duchowe, o którym wie, że sam go nie ma. Marie urodziła kilkoro dzieci, w tym dziewczynkę Nataszę.

5 grudnia 1820 roku Natasza, Piotr i ich dzieci są w Łysych Górach z Mikołajem i Marią. Natasza uległa przemianie; teraz jako matka poświęciła swoje życie mężowi i dzieciom, wyrzekając się wszelkiej kokieterii i światowości. W Łysych Górach jest też książę Mikołaj, syn księcia Andrieja. Jest teraz ciemnym i kruchym młodzieńcem, który żywi rozpaczliwy podziw dla Piotra, będącego dla niego rodzajem ojcowskiego wzorca.

Wieczorem dochodzi do intymnych rozmów między Mikołajem i Marią, a następnie między Piotrem i Nataszą. Te rozmowy pokazują współudział i harmonię obu par.

Część druga

Autor omawia główne trendy w nauce historycznej. Pokazuje teoretyczną słabość większości historyków i wskazuje nowy kierunek, który powinien pozwolić na lepsze ujęcie wydarzeń historycznych.

Następnie autor rozważa filozoficzne pytanie o wolność i determinizm. Pokazuje, że nie można wykluczyć żadnej z tych perspektyw.

ANALIZA POSTACI

RODZINA BEZUCHOW

Piotr Bezuchow

Nieślubne dziecko hrabiego Bezuchowa, Piotr odziedziczył jego tytuł i majątek po śmierci tego ostatniego, co uczyniło go postacią niezwykle ważną w rosyjskim krajobrazie arystokratycznym. Był bliskim przyjacielem księcia Andrieja. W pierwszym małżeństwie ożenił się z Heleną Kuragin, a następnie, po jej śmierci, z Nataszą Rostow, z którą miał kilkoro dzieci.

Piotr to naiwny i dobry człowiek, często nieporadny i przez większość uważany za oryginała. Nieśmiały i słaby, jest jednak bardzo zainteresowany polityką i szuka sposobu na aktywne zaangażowanie się w poprawę losu ludzkości. Jednak, jako człowieka pozbawionego praktycznej inteligencji, marzycielskiego i idealistycznego, jego próby są często niezrozumiałe i daremne.

Rozdarty między swoimi ideałami a rzeczywistością, Piotr jest nieszczęśliwy i kruchy przez całą pierwszą część powieści. Konfrontacja z rzeczywistością śmierci i przemocy podczas wojny 1812 roku uświadamia mu prawdziwe źródło szczęścia, a także piękno i siłę życiową, która tkwi we wszystkim. Od tej pory traci swój melancholijny temperament i staje się stanowczym, pewnym siebie i spokojnym człowiekiem, wzbudzającym szacunek wszystkich.

Piotr jest złożoną i główną postacią w *Wojnie i Pokoju*. Obecny od początku do końca powieści, jego psychologia jest niezwykle szczegółowa i czyni go ujmującą postacią. Postać ta często była porównywana do samego Lwa Tołstoja.

Książę Wasilij Kuragin

Książę Wasilij jest spokrewniony ze starym hrabią Bezuchowem i daremnie liczy na to, że skorzysta z testamentu hrabiego. Jest intrygantem, który próbuje ustalić pozycję finansową swoich dzieci, których głupotę gorzko uznaje. W ten sposób udaje mu się wydać swoją córkę Helenę za Piotra.

Helena Kugarin

Helena Kugarin, piękna i zmysłowa, ale jak pusta skorupa, cieszy się wielkim prestiżem w rosyjskiej arystokracji. Manipulacyjna i niewierna, ma romans z Dołochowem, przebiegłym i niepoprawnym swingersem. Później przechodzi na katolicyzm tylko po to, by móc rozwieść się z Piotrem i poślubić jednego ze swoich licznych kochanków.

Anatol Kuragin

Anatol Kuragin, nieskruszony uwodziciel i niepoprawny imprezowicz, trwoni majątek swojego ojca, księcia Wasilija. Jest przyjacielem Dołochowa. Księżniczka Maria Bołkońska odmawia poślubienia go po tym, jak zobaczyła, jak zalecał się do jej damy dworu. Następnie uwodzi on niewinną Nataszę i przekonuje ją, by z nim uciekła, skazując ją tym samym na hańbę bez skrupułów. Zginął w czasie wojny 1812 roku.

Hipolit Kuragin

Hipolit Kuragin, który występuje tylko w pierwszej książce, jest z rzadka głupi. Jest nie mniej dumny i arogancki. Bezwstydnie zaleca się do żony księcia Andriej, Lizy Bołkońskiej.

RODZINA BOŁKOŃSKICH

Książę Andriej

Wraz z Piotrem Bezuchowem jest drugim głównym bohaterem powieści. Bardzo różni się od swojego przyjaciela, Andriej jest zimnym, racjonalnym, często ironicznym człowiekiem, który wydaje się już zgorzkniały i zmęczony tym, co życie ma do zaoferowania. Jedynie obecność Piotra zdaje się go ożywiać. Nie darzy uczuciem swojej pierwszej żony, Lizy, choć była słodka i kochająca, i umiera po urodzeniu syna, Mikołaja.

W przeciwieństwie do Piotra jest ambitnym i silnym człowiekiem czynu, który aktywnie angażuje się w wojnę i politykę. Jego refleksje na temat władzy wspierają te autora, gdyż staje on obok wielkich postaci historycznych występujących w powieści.

Jego miłość do Nataszy wydaje się być jedyną rzeczą, która może go wydobyć z gorzkiej i rozczarowanej samotności, ale to przede wszystkim doświadczenie nieuchronnej śmierci i agonii, które zdobył pod Austerlitz w 1812 roku, czyni go innym człowiekiem. Odkrył wtedy cenę i wartość życia, które zawsze się na nim ważyło. Historia jego śmierci, wzorcowa i opowiedziana z wielką psychologiczną finezją, czyni z niego postać o metafizycznych wymiarach.

Maria Bołkońska

Siostra księcia Andrieja, Maria jest skromną, dyskretną i nie-zwykle pobożną kobietą, poświęcającą się aż do ascezy dla ojca. Prześladowana bez końca przez ojca, Maria mimo to kocha go bardzo mocno. Gdy stary hrabia umarł, poczuła ulgę i wolność, o którą robiła sobie wyrzuty. Wykazuje się dużą sta-nowczością charakteru.

Choć Maria nie jest piękna, siła jej życia duchowego nadaje jej niewytłumaczalny urok, który podbija Mikołaja Rostowa, za którego wychodzi pod koniec powieści i z którym ma kilkoro dzieci.

Książę Mikołaj Bołkoński

Ojciec Marii i Andrieja jest postacią złą, okrutną, autorytarną, pozbawioną współczucia i sympatii. Ciesząc się zaszczytami za czasów Katarzyny II (cesarzowej Rosji, 1729-1796), repre-zentuje minioną epokę. Zmarł na kilka dni przed zdobyciem Moskwy.

Mikołaj Bołkoński

Syn Andrieja i Lizy, osierocony w młodym wieku i wychowy-wany przez ciotkę Marię, staje się bohaterem dopiero pod koniec powieści. Młody człowiek, kruchy i dyskretny, rozpacz-liwie szuka miłości i siły u Piotra i pamięci o zmarłym ojcu.

RODZINA ROSTOW

Hrabia i hrabina Rostowowie

Hrabia i hrabina pochodzą z mniej prestiżowego rodu niż Bezuchowowie i Bołkońscy. Oboje są sympatycznymi i wielkodusznymi postaciami, głęboko angażującymi. Zwłaszcza hrabia jest miły, prosty, beztroski i szeroki, co doprowadza jego rodzinę do całkowitej ruiny.

Mają czworo dzieci: najstarsza, Wera, najmniej kochana; Mikołaj, syn marnotrawny; piękna i żywiołowa Natasza; Pietia, ostatni, najbardziej rozpieszczany. Podejmują się także wychowania i utrzymania Borysa Drubeckiego, syna pozbawionego grosza przyjaciela hrabiny, oraz Soni, kuzynki, która również jest w potrzebie.

Sceny z życia rodziny Rostowów składają się na najlżejsze i najradośniejsze momenty powieści: w pierwszej części ich egzystencja zdaje się być wiecznym świętowaniem. Nieudana ucieczka i choroba ich córki Nataszy, a także śmierć młodego syna Pietii, są więc w kontrapunkcie wyjątkowo patetycznymi momentami drugiej części powieści.

Hrabia zmarł pod koniec wojny 1812 roku, obwiniając się o ruinę swojej rodziny. Hrabina zatrzymała się wtedy u syna i synowej.

Mikołaj Rostow

Porywczy, dumny i krnąbrny młodzieniec na początku powieści, Mikołaj Rostow od 1805 roku jest żądny wojskowej chwały i dlatego wstępuje do husarii. Robi karierę w wojsku i z biegiem powieści nabiera pewnej dojrzałości. Na koniec żeni się z Marią Bołkońską, dla której porzuca kuzynkę Sonię, ukochaną z dzieciństwa.

Człowiek czynu z zasady, brak mu metafizycznego i duchowego wymiaru Piotra czy Andrieja. Prosto i skutecznie przywrócił

sytuację finansową rodziny. We wszystkich sprawach duchowych i moralnych polega na swojej żonie, Marii Bołkońskiej.

Natasza Rostow

Natasza na początku powieści ma zaledwie trzynaście lat.
Wychowana na beztroską i kochającą, jest jak jej ojciec, aż do
momentu zaręczyn z księciem Andriejem, źródłem joie de
vivre dla wszystkich. Jej bąbelkowy, żywy, bezmyślny i dziki
charakter, który jest jej siłą uwodzicielską, zostaje głęboko
zmieniony przez zerwanie zaręczyn z księciem Andriejem, a
także przez śmierć tego ostatniego i jego młodszego brata.
Teraz już poza dzieciństwem, wydaje się, że wojna zgasiła w
niej życie i zaszczepiła w niej poczucie bezinteresowności.
Odradza się jednak dzięki kontaktowi z Piotrem, którego po
wojnie poślubia i poświęca się wyłącznie rodzinie.

KLUCZE CZYTANIA

POZA TRADYCYJNE RAMY POWIEŚCI

Ze względu na swoje wyjątkowe rozmiary (prawie dwa tysiące stron) i niezwykłą liczbę bohaterów (około pięciuset) *Wojna i pokój* przekracza zwykłe ramy powieści europejskiej. Z tych powodów Tołstoj obawiał się publicznego odbioru. W dodatku *"Kilka słów o wojnie i pokoju"* autor uzasadnia swoje przedsięwzięcie i podkreśla formalną oryginalność swojej pracy: "Czym jest *Wojna i pokój*? Nie jest to powieść, a tym bardziej poemat, a tym bardziej kronika historyczna. *Wojna i pokój* jest tym, co autor chciał i potrafił wyrazić w takiej formie, w jakiej to wyraził." (s. 997, tom II)

Tołstoj stwierdza, że niewiele utworów literatury rosyjskiej można uznać za powieści, jeśli zdefiniować tę według ówczesnego modelu europejskiego: bohater, główna akcja, zadanie, zakończenie.

Poza wymiarami, sama struktura tego dzieła odróżnia je od powieści europejskiej w rozumieniu Tołstoja, ponieważ powieść nie śledzi akcji jednej głównej postaci, bohatera. Zamiast tego tekst śledzi częściowe i krzyżujące się losy licznych i zróżnicowanych postaci: o ile losy Piotra, księcia Andrieja, ale także Nataszy i Mikołaja Rostowa, mają tę specyfikę, że są bardziej rozwinięte, że czasem łączą się i jednoczą pod koniec powieści, to każda z postaci jest rozwijana z niemal równą uwagą. Tołstoj, znów w dodatku, zauważa też, że *Wojna i pokój* różni się jeszcze od powieści europejskiej tym, że nie posiada zakończenia, konkluzji, która pieczętuje poszukiwania bohatera.

Wreszcie *Wojnę i pokój* od tradycyjnych powieści odróżnia może jeszcze niezwykłe znaczenie teoretycznych i filozoficznych opracowań autora. Od ksiąg III i IV każdą część otwierają rozważania Tołstoja na temat wydarzeń historycznych, na temat tego, jak je interpretowano i wyjaśniano, jak należy je rozumieć. Druga część epilogu to również filozoficzny esej o losie, historii i ludzkiej wolności. Ta ostatnia część została usunięta z pierwszych wydań dzieła, gdyż wydawała się niezależna i nieistotna w stosunku do wątków (co może być mocno wątpliwe).

Mimo tych wszystkich oryginalności i wbrew opinii Tołstoja, dzieło to można jednak uznać za powieść, ze względu na bardzo niejasny i szeroki charakter, jaki ma dziś ten gatunek. Niemniej jednak należy docenić formalną sprawność dzieła.

POWIEŚĆ O UCZENIU SIĘ

Powieść czeladnicza charakteryzuje się konfrontacją bohatera ze światem oraz wynikającą z tej konfrontacji ewolucją i dojrzewaniem postaci. W toku powieści młody bohater wypracowuje sobie pewną koncepcję istnienia.

Chociaż *Wojna i pokój* różni się od powieści czeladniczej tym, że nie śledzi rozwoju jednego bohatera, to jednak można ją zaliczyć do tego gatunku, ponieważ przedstawia rozwój i dojrzewanie wielu postaci (patrz Analiza Postaci).

Ponadto, choć trudno wyobrazić sobie jedną wizję sensu życia, można wskazać pewne wspólne cechy bohaterów, których psychologia jest najdokładniej zbadana: księcia Andrieja, Piotra, ale także Mikołaja Rostowa, Nataszy i Marii.

- Przede wszystkim możemy zauważyć, że zarówno książę Andriej, jak i Piotr przedstawiają się na początku powieści jako postacie niezadowolone i niezdecydowane. Obaj, mimo bardzo różnych charakterów, szukają sensu życia, które skądinąd często pozostawia ich melancholijnymi i ponurymi. Są to więc postaci dynamiczne psychologicznie, które dążą do konfrontacji ze światem. To właśnie poprzez konfrontację z wojną, przemocą i śmiercią bohaterowie ci odnajdą klucz do wewnętrznego spokoju. O ile stan pokoju w sensie historycznym jest systematycznie opisywany jako panowanie obłudy, kłamstwa, powierzchowności, a nawet głupoty, o tyle stan wojny pozwala bohaterom dostrzec prawdę o ludzkiej naturze, równowagę sił życia i śmierci, prostotę szczęścia. Wojna, paradoksalnie, pozwala im pogodzić się z istnieniem.

- Chociaż Natasza, Mikołaj i Maria nie skupiają się, jak Andriej i Piotr, na dobrowolnych i świadomych poszukiwaniach duchowych, doświadczenie śmierci jest również siłą napędową ich rozwoju psychologicznego. Podczas gdy Piotr i Andriej świadomie udają się na pola bitew, Maria i Natasza wbrew sobie poddają się doświadczeniu śmierci i cierpienia. Psychologiczne dojrzewanie Mikołaja jest mniej radykalne, bo wojenne doświadczenie nie metamorfizuje go, a raczej wzmacnia to, czym już jest.

Tołstoj wyraźnie dzieli swoich bohaterów na dwie kategorie: mężczyzn i kobiety czynu oraz tych, którzy kierują się przede wszystkim własnym życiem duchowym. Ideałem dla jednostki, jak się wydaje, jest umiejętność połączenia tych dwóch cech, aktywności, konkretnego zaangażowania w świat i wewnętrznej medytacji nad najwyższymi celami istnienia. Związek ten jest przedstawiany jako warunek indywidualnego szczęścia. Na początku powieści Natasza, Mikołaj i książę Andriej stoją po stronie akcji. Z kolei Piotr i Maria to postaci, które niewiele robią, ale mają szczególnie bogate życie wewnętrzne. Jak pokazuje epilog, to właśnie miłość pozwala bohaterom odnaleźć niezbędną do szczęścia równowagę między działaniem a duchowością: Natasza (po stronie działania) wychodzi za Piotra (po stronie duchowości), a Maria (po stronie duchowości) za Mikołaja (człowieka działania). Każdy z małżonków otrzymuje zatem od swojego partnera to, czego mu brakuje.

Ze wszystkich szczególnych losów udramatyzowanych przez Tołstoja wyłania się pewna definicja szczęścia. Szczęścia nie można osiągnąć bez rozwinięcia życia duchowego, które przestało błądzić i odnalazło głęboki sens istnienia i prawdę. Prawda ta polega na uznaniu konieczności cierpienia i prostoty szczęścia, które sprowadza się do zaspokojenia potrzeb. Po uznaniu tej prawdy człowiek jest w stanie żyć w pokoju z samym sobą i ze światem. Jest wtedy zdolny do miłości, poza złem, cierpieniem i kłamstwem; jest w stanie dostrzec moc instynktu życia we wszystkim i każdej istocie.

KRONIKA HISTORYCZNA

Powieści Tołstoja nie można, jak twierdził autor, sprowadzić do chronologicznego przedstawienia wydarzeń historycznych (tytuł *Wojna i pokój* można interpretować również w sensie psychologicznym). Nie sposób jednak nie zauważyć znaczenia historycznego wymiaru powieści. *Wojna i pokój jest* rzeczywiście powieścią historyczną, gatunkiem definiowanym przez subtelne połączenie fikcji i rzeczywistości. Tak więc z jednej strony Tołstoj przedstawia fikcyjne postacie o fikcyjnych losach, a z drugiej strony dokładnie podaje najważniejsze fakty i daty wojen z 1805 i 1812 roku. Wiadomo, że Tołstoj oparł swoją powieść na obszernej dokumentacji historycznej. Tym samym życie fikcyjnych bohaterów wydaje się dość wiarygodne w stosunku do prawdy historycznej.

Głęboka oryginalność *Wojny i pokoju* polega na tym, że prawda historyczna traktowana jest z potrójnego punktu widzenia:

* korzystamy z perspektywy samych fikcyjnych bohaterów, którzy są uwikłani w wydarzenia;

* Powieść zawiera też wiele rozdziałów (głównie w księdze III i IV), w których Tołstoj wykorzystuje prawdziwe osoby, takie jak Napoleon I, Aleksander I, Murat, Kutuzow, Sperański itp. Wydanie referencyjne zawiera również indeks tych prawdziwych osób;

* Wreszcie sam autor przedstawia nam swój punkt widzenia na wydarzenia, ingerując bezpośrednio w narrację. Od księgi III każdą część otwierają rozważania autora na temat wydarzeń.

Taka strategia narracyjna pozwala na ukazanie wydarzeń w całej ich złożoności i w najróżniejszych aspektach. Punkt widzenia fikcyjnych bohaterów pozwala czytelnikowi zobaczyć, jak rozwijała się wojna i jakie były jej konsekwencje. Punkt widzenia prawdziwych bohaterów pozwala nam zmierzyć znaczenie polityki w przebiegu wydarzeń. Retrospektywny i nawisowy punkt widzenia Tołstoja jest okazją do prawdziwej filozoficznej refleksji nad sensem historii.

Należy również zauważyć, że *Wojna i pokój jest* również powieścią z tezą, poruszającą kwestię prawdziwości wydarzeń historycznych: dla Tołstoja historia nie może być zredukowana do historii wielkich ludzi, którą tworzy większość historyków. Nie można ujmować wydarzeń wyłącznie z punktu widzenia bohaterów historii, wielkich ludzi. Dla autora historia jest wynikiem wielości przyczyn, w większości psychologicznych, i nie może być sprowadzona do kilku decyzji podjętych przez ludzi władzy. Ponadto wielcy ludzie są w rzeczywistości bierni wobec wydarzeń, co Tołstoj pokazuje na przykładzie postaci Kutuzowa, naczelnika wojsk rosyjskich, który pozostaje bierny wobec wydarzeń, zadowalając się towarzyszeniem im. Jego siła jako wodza wojennego polega na intuicji tego, co musi się wydarzyć, koniecznie i bez żadnego przypadku czy decyzji.

Aby zrozumieć wydarzenia historyczne, autor uważa, że trzeba umieć rozpatrywać wielość przyczyn różnej natury, a w szczególności przyjrzeć się psychologii mas. Dlatego postacie takie jak książę Andriej, Piotr czy Mikołaj są ostatecznie w stanie lepiej zrozumieć prawdę o przebiegu wydarzeń niż wielcy wodzowie tacy jak Napoleon I.

MATERIAŁ
DO PRZEMYŚLEŃ

KILKA PYTAŃ DLA POGŁĘBIENIA REFLEKSJI...

- Czy uważasz interwencje autora, zwłaszcza z trzeciej części i w epilogu, za zbędne, czy wręcz przeciwnie – konieczne dla ekonomii powieści?

- W jaki sposób książę Andriej zyskuje w toku powieści wymiar metafizyczny?

- Jakie jest symboliczne znaczenie postaci Nataszy?

- Przestudiuj opisy życia społecznego rosyjskiej arystokracji. W jaki sposób można je krytykować?

- Wyjaśnij tytuł pracy.

- W rozdziale 7 części IV księgi II Tołstoj mówi o "rosyjskiej duszy" Nataszy. Jakie jest znaczenie tego wyrażenia?

- W jaki sposób Piotr Bezuchow wyróżnia się spośród wszystkich bohaterów powieści?

- Dlaczego Napoleon I jest określany przez Tołstoja jako "śmieszna marionetka" (patrz przedmowa do wydania referencyjnego)?

- Czy to dzieło wydaje ci się egzaltacją rosyjskiej chwały?

- "Kochać ludzką miłością to móc zmieniać się z miłości w nienawiść, podczas gdy boska miłość jest niezmienna" – pisze Tołstoj w rozdziale 32 części III księgi I. Jak to zdanie rzuca światło na psychologiczne i duchowe poszukiwania bohaterów?

DALSZE CZYTANIE

WYDANIE REFERENCYJNE

TOLSTOÏ L., *La Guerre et la Paix,* 2 tomy, Paryż, kolekcja «Folio», Gallimard, 1972.

ADAPTACJE

Wojna i pokój, film Siergieja Bondarczuka, z Ludmiłą Sawieljewą, Wiaczesławem Tichonowem i Siergiejem Bondarczukem, 1967.

Wojna i pokój – opera Siergieja Prokofiewa, skomponowana w latach 1941-1952.

Chcemy usłyszeć od Ciebie, co się dzieje!
Zostaw komentarz na temat swojej internetowej biblioteki
i podziel się swoimi ulubionymi książkami w mediach społecznościowych!

www.50minutes.com

Master ISBN: 9782808694704
Papierowy ISBN: 9782808616102
Depozyt prawny: D/2023/12603/1890

Verhaal: © Primento

Projekt cyfrowy: Primento, cyfrowy partner wydawców.